EDICT DV ROY,

PORTANT DES-VNION ET

Démembrement des anciennes Vicomtez de
Normandie, des Sieges Particuliers, de Plaids
& Creation d'iceux en Tiltres de Vicomtez
principalles, & des Officiers qui les doiuent
composer ; Ensemble d'vn Assesseur Rapporteur des Estats des decrets & défalcations des
deniers prouenans des adjudications & ventes
des choses hereditaires ; D'vn Procureur pour
sa Majesté és anciennes Vicomtez ; Et d'vn
President en chacun' Bailliage.

*Registré aux Parlement, Chambre des Comptes,
& Cour des Aydes de Normandie.*

A PARIS,

Chez T. CHARPENTIER, à l'entrée
du Quay de Gévres, proche le Pont
au Change, au Paradis.

M. DC. LIV.

(4)

OVIS PAR LA GRACE DE DIEV, Roy de France & de Nauarre; A tous preſens & à venir, Salut. Comme noſtre principale intention a toûjours eſté de ſoulager nos Subjets, entant qu'il nous a eſté poſſible; Nous n'auons rien oublié pour leur en faire reſſentir les effets en toutes les occaſions qui ſe ſont preſentées, & neautmoins nous receuons encore tous les iours diuerſes plaintes de l'incommodité qu'ils reçoiuent en la diſtribution de la Iuſtice ordinaire, & principalement en noſtre Prouince de Normandie: En ce que la pluspart d'iceux eſtans obligez de ſe tranſporter bien loin de leurs demeures, pour auoir juſtice ſur leurs differents, font ordinairement beaucoup plus de dépenſe que la valeur des choſes dont il eſt queſtion entr' eux. Laquelle incommodité que ſouffrent noſdits Sujets, prouient de ce que les Vicomtes qui ſont les premiers Iuges de toutes cauſes, ſont en ſi petit nombre, eu égard au territoire de ladite Prouince, & au reſſort de leur Iuriſdiction, qu'ils ne peuuent pas le plus ſouuent expedier la moitié des cauſes qui s'appellent en l'Audience, ny vacquer en l'exercice de leurs charges auec ſi prompte expedition qu'il ſeroit neceſſaire pour le bien des parties. Ce qui conſtituë noſdits Sujets non ſeulement en de grands fraiz, à cauſe du long ſejour qu'ils font hors de leurs maiſons pour faire vuider les appellations des ſentences qui ſe donnent par noſdits Vicomtes auec

A ij

trop de precipitation , mais auſſi entretient les haines & animoſitez que la longueur deſdits procez
ont fait naiſtre entr' eux : Lequel deſordre procede
de ce que leſdits Vicomtes qui ſont obligez d'aller
en diuers iours de la ſepmaine és Sieges dépendants
des anciennes Vicomtez , qui en ſont diſtans de ſix,
ſept & huiĉt lieuës , conſomment beaucoup de
temps, tant à aller que venir, qu'ils employeroient
bien plus vtilement, s'ils n'auoient autre ſoin que
d'exercer leſdites charges en vn deſdits Sieges ; d'où
il arriue encore , que leſdits Sieges eſtans ainſi éioi-
gnez , & les chemins pour la plus-part mauuais &
difficiles , leſdits Vicomtes ſe diſpenſent d'aller eſdits Sieges, où neantmoins ils ſont attendus, & tiennent les plaids qui deuroient eſtre tenus ſur les lieux,
dans les villes & autres endroicts de leur reſidence:
Pour couurir leſquels abus , ils ne laiſſent pas d'inti-
tuler & qualifier les aĉtes & ſentences au nom &
titre du lieu deſdits Sieges de plaids; ce qui tourne
grandement à la foulle & vexation de noſdits Sujets.
Et pour cette raiſon, le feu Roy Henry le Grand,
noſtre tres honoré Seigneur & Pere, ayant receu
les meſmes plaintes qui nous ont eſté faites, auroit
par Ediĉt du mois de Septembre mil ſix cens ſix,
demembré leſdits Sieges particuliers , & creé des
Officiers en iceux ; lequel Ediĉt auroit eſté reuoqué
par autre Ediĉt ſubſequent du mois de Iuillet mil
ſix cens ſept: Tellement que ce bon deſſein eſtant
demeuré ſans effeĉt, au lieu de corriger le deſordre,
a ſeruy à l'augmenter & accroiſtre. Auquel deſirant
maintenant remedier , & ne pouuant plus ſouffrir
tant de plaintes qui nous en ſont faites journelle-
ment, ſans y apporter quelque expedient ſalutaire

pour le bien de nos Sujets ; comme auſſi aux deſor-
dres & procez que les Lieutenans Generaux & Particuliers , & les Aſſeſſeurs deſdites Vicomtez ont
entr' eux, ceux-là pretendans priuatiuement à tous
autres Officiers deuoir faire le rapport des detalca-
tions d'heritages ſaiſis par decret, & dreſſer les eſtats
deſdits decrets, ceux-cy ſouſtenans le contraire , &
deuoir eſtre faits du moins à tour de roolle ; eſtant
tres-certain que telles diſſentions fomentent entre
leſdits Officiers des haines & inimitiez , qui cauſent
bien ſouuent à ceux qui plaident beaucoup de prejudice. Pour terminer leſquels differents , ſe ſeroit
enſuiuy diuerſité de iugemens , tant en noſtre Con-
ſeil , qu'en noſtre Parlement de Normandie, ſans
beaucoup de fruict. Et deſirant pareillement remedier aux plaintes qui nous ont eſté faites, de la diffi-
culté qu'ont les parties dans les Iuriſdictions de
Bailliages , d'auoir prompte expedition ſur leurs
differents , pour n'y auoir aucunes perſonnes qui
tiennent à jours reglez les Audiances & iugemens
des procez par eſcrit: Ce qui n'arriueroit s'il y auoit
vn Preſident eſtably eſdits Sieges de Bailliages , qui
eſtant homme de condition & de probité , auroit
plus en recommandation la commodité des parties,
que ſa propre vtilité : Et afin auſſi de ne laiſſer rien
d'imparfait en l'adminiſtration de la Iuſtice en nô-
tredite Prouince , & que noſtre intereſt ſoit exacte-
ment gardé par nos Procureurs en toutes les Iuriſdictions d'icelle ; il eſt neceſſaire de remedier à ce
que noſdits Procureurs des Bailliages, qui ſont auſſi
nos Procureurs dans les anciennes Vicomtez , ne
peuuent vacquer en l'vne & en l'autre deſdites Iuriſdictions, qu'auec beaucoup de peine & peu d'at-

tention , d'autant qu'elles se tiennent en diuers
lieux , en mesme temps : si bien que nostre seruice
& le bien des parties est tousjours retardé en l'vne
desdites Iurisdictions , où nosdits Procureurs ne
peuuent assister , & que bien souuent les Iuges font
conclure des Aduocats postulans pour nosdits Procureurs, qui sont quelquesfois peu attentionnez à la
conseruation de nos droicts , & suspects aux parties.
A CES CAVSES, apres auoir mis cét affaire en
deliberation en nostre Conseil, où estoient aucuns
Princes de nostre Sang, & autres grands & notables
Personnages de nostre Royaume , Et de nostre cer-
taine science, pleine puissance & authorité Royale :
N o v s auons par cettuy nostre present Edict per-
petuel & irreuocable , desvny & démembré , des-
vnissons & démembrons lesdits Sieges particuliers
de plaids des anciennes Vicomtez de nostre Prouince de Normandie , & iceux creé & erigé , creons &
erigeons en tiltre de Vicomtez principales. En chacune desquelles Vicomtez presentement créez , &
qui seront establies és lieux & Villes, dont sera fait
estat en nostre Conseil ; Nous auons creé & estably
en titre d'Office formé, vn nostre Conseiller Vicomte , vn nostre Conseiller Lieutenant general , vn
nostre Conseiller Lieutenant Particulier dudit Vicomte, deux nos Conseillers Aduocats, & vn nostre
Conseiller Procureur pour nous, & deux Huissiers
Audianciers, exploittant par tout nostre Royaume,
pour en joüyr esdites Vicomtez presentement
créez , aux mesmes honneurs , fonctions , prerogatiues , preeminences , droicts , attributions &
émoluments que lesdits Vicomtes , Lieutenans
Generaux , Lieutenans Particuliers , Aduocats

& Procureur pour Nous, & Huiſſiers deſdites anciennes Vicomtez, & comme ſi les vns & les autres auoient eſté créez par meſmes & ſemblables Edicts : Et jouïront leſdits Vicomtes & leurs Lieutenans, dans l'eſtenduë de leurſdits Sieges, de toutes les attributions, droicts & fonctions, dont ſouloient jouïr & jouïſſent les Commiſſaires Examinateurs & Enqueſteurs des anciennes Vicomtez, en vertu de noſtre Declaration de l'année mil ſix cens trente-deux. Leſquelles fonctions, droicts & attributions, Nous auons vnies & incorporées, vniſſons & incorporons auſdites charges de Vicomtes, Lieutenans Generaux & Particuliers, ſans qu'ores & à l'auenir ils en puiſſent eſtre deſvnies pour quelque cauſe & occaſion que ce ſoit : Et auront leſdits Vicomtes & leur Lieutenans, la connoiſſance & Iuriſdiction chacun en ſon Siege & reſſort, de toutes les cauſes & matieres, dont les Vicomtes anciens & leurs Lieutenans ſont fondez de connoiſtre, & qui leur eſt attribué par nos Edicts & Ordonnances, Arreſts & Reglements de noſtre Parlement de Normandie : Auſquels Vicomtes & leurs Lieutenants, enjoingnons de vacquer diligemment à l'expedition des cauſes & affaires d'entre noſdits ſujets, les juger & terminer en Audiance, tant que faire ſe pourra, & en cas que beſoin ſoit de les appointer à produire ou à clorre : Seront les procés diſtribuez à tour de roolle par leſdits Vicomtes auſdits Lieutenans, & noſdits Aduocats & Procureurs qui auront part auſdites diſtributions & eſpices, ſans toutesfois qu'ils puiſſent eſtre Iuges, ny auoir voix deliberatiue aux cauſes où nous auons intereſt pour noſtre Domaine. Et permettons auſdits Vicomtes,

en faisant ladite distribution, de retenir vn desdits
procés par preciput, outre celuy de son ordre, sans
qu'il puisse distribuer aucun desdits procez ausdits
Aduocats postulans esdites Vicomtez, que lesdits
Lieutenans, Aduocats & Procureurs pour nous n'a-
yent esté fournis, sinon pour l'absence ou recusation
d'iceux, le tout suiuant l'vsage de ladite Prouince;
Lesquels nos Aduocats & Procureurs pourront pareillement plaider, consentir & postuler pour les
parties quand ils le voudront, en causes où nous n'a-
uons interest, & esquelles ils ne seront Iuges : A
chacune desquelles Vicomtez, tant ancienne que
nouuelle creation, & de Bailliages où il n'y a point
de Presidial; A v o n s creé & erigé, creons & erigeons en tiltre d'Office formé & sans gaiges, vn
Conseiller Assesseur Rapporteur des estats des decrets & defalcations de deniers prouenans d'adjudications & ventes de choses hereditaires : Lesquels
seuls, ores & à l'aduenir, si ce n'est en cas d'absence
& maladie, ou de recusation, pourront dresser lesdits estats de decrets, & faire leur rapport desdites
defalcations pardeuant les Iuges ordinaires desdits
Sieges au nombre de six, suiuant les Reglements
de nostredit Parlement de Roüen, stile & vsage desdites Iurisdictions. En quoy faisant, nosdits Officiers coucheront & porteront vn chacun selon l'ordre ou priuilege de l'hypotheque des presentans &
opposans ausdits decrets & defalcations. Voulons
en outre que nosdits Conseillers Assesseurs Rapporteurs, créez par nostre present Edict, ayent voix
deliberatiue & decisiue en toutes autres causes, procez & matieres qui se iugeront, decideront & termineront par Sentences & Iugemens esdites Iurisdictions

ctions à l'inftar des autres Confeillers Affeffeurs en icelles, & ayent feance, & joüyffent de pareils honneurs, prefeance & prerogatiues, comme les autres Confeillers Affeffeurs, felon l'ordre de leurs receptions ; lefquelles fe feront pardeuant nos Baillifs Vicomtes, ou leurs Lieutenans, à ce appellé noftre Procureur ou Aduocat, fans que lefdits Confeillers Affeffeurs Rapporteurs prefentement creez, puiffent pretendre ny prendre aucune part aux efpices & émolumens des autres procez & affaires qui fe decideront, iugeront & termineront efdits Sieges, & qui ne concerneront lefdits eftats de decrets & defalcations : pour raifon defquels eftats & decrets & defalcations, ils participeront aux efpices & taxes qui fe feront, & ainfi qu'vn des autres Officiers defdits Sieges ; Comme auffi nous auons par le prefent Edict creé en tiltre d'Office formé, vn noftre Confeiller Prefident efdits Bailliages, pour prefider és Audiances & Chambre du Confeil, au jugement de toutes caufes & procés par efcrit, & faire la diftribution des procés, ainfi qu'il fe pratique par les Prefidens de nos Sieges Prefidiaux, finon que lefdits Prefidens efdits Bailliages auront part aux émoluments, efpices & rapports defdits procés, ainfi & comme les autres Officiers defdits Bailliages ; & que les fentences & jugemens qui feront rendus deuant eux, feront intitulez fous leurs noms, fans que lefdits Lieutenans Generaux & Particuliers defdits Bailliages, puiffent d'orefnauant pretendre de faire ladite diftribution : Lefquels Prefidens prefentement créez, prefideront en toutes les affemblées publiques des lieux & villes où ils feront eftablis, & les actes des deliberations pareillement intitulez fous

Ieurs noms : lesquels aussi ordonneront auec les Escheuins de tous les deniers communs desdites villes & lieux, & auront la cognoissance priuatiuement à tous autres de la police & de la reception des Maistres des Mestiers & Artisans, sans qu'aucuns des autres Officiers se puissent cy-apres ingerer esdites fonctions, à peine de nullité, & de mil liures d'amende. N'entendons toutesfois créer lesdits Presidens és Sieges principaux de Bailliage où il y a Presidial, lesquels demeurront comme ils sont à present, fors & excepté que les Lieutenans generaux d'iceux ne pourront plus aller tenir leurs assises dans les Sieges où lesdits Presidens seront establis ; lesquelles assises seront d'oresnauant tenuës par nosdits Presidens & autres Officiers desdits Sieges. Et en outre nous auons aussi par le present Edict, & pour les considerations y contenuës, creé & erigé en titre d'Office formé, vn nostre Conseiller Procureur pour nous és anciennes Vicomtez de nostredite Prouince de Normandie, où il n'y en a qu'vn pour le Bailliage & Vicomté ; lesquels Procureurs pour nous anciens, seront obligez de faire leur declaration, en laquelle des deux Iurisdictions ils entendent exercer leursdites charges, pour estre nosdits Procureurs presentement créez, establis en celle qu'il restera apres l'option qui en aura esté faite par nosdits Procureurs desdites anciennes Vicomtez, laquelle ils seront obligez de faire dans quinzaine, du iour de la signification du present Edict, à leur personne & domicile, sans que nosdits Procureurs anciens, & ceux presentement créez, puissent exercer lesdites charges qu'en celle desdites Iurisdictions où ils seront establis ;

lefquels nos Procureurs auront voix deliberatiue, & part aufdites diftributions des procez à leur tour, immediatement apres lefdits Lieutenans & Aduocats pour nous defdites Vicomtez: A tous lefquels Offices de Vicomtes, Lieutenans Generaux, Lieutenans Particuliers, Aduocats & Procureurs pour nous defdits Vicomtes prefentement créez, Prefident efdits Bailliages, & Procureur pour nous efdites anciennes Vicomtez; Nous auons attribué & attribuons la fomme de trente mil liures de gages qui leur feront departis fuiuant le roolle qui en fera arrefté en noftre Confeil, & que nous enuoyerons en noftre Chambre des Comptes de Normandie, dont fera fait fonds annuellement dans les Eftats de receptes generales & particulieres de nos finances des Generalitez de Roüen & Caen, & qui leur feront payez par les Receueurs des Tailles de chacune Eflection, où lefdites Vicomtez & Bailliages feront affifes, fur leurs fimples quittances, de quartier en quartier; & ioüyront lefdits Vicomtes, Lieutenans Generaux, Lieutenans Particuliers, & Aduocats & Procureur pour nous defdites Vicomtez, Prefidens defdits Bailliages, & Procureurs pour nous efdites anciennes Vicomtez, prefentement créez, de la difpenfe de quarante iours, pendant le temps qui refte à expirer du droict annuel, fans payer aucune chofe. Et ioüyront auffi tous les fufdits Officiers de l'exemption de toutes Tailles, & de tous les autres priuileges contenus en noftre Declaration, faite en faueur de nos Officiers de Iudicature, pour ladite exemption de Taille du mois de Nouembre de l'annee derniere, fans pour ce payer aucune finance, enfemble de la rigueur des Ordonnances pour les parentelles & alliances, & de l'incompatibilité d'exercer plusieurs Offices, dont nous les auons dispensez ; & sans que lesdits anciens Officiers puissent estre receus à rembourser les Offices presentement créez en vertu de l'Arrest de nostre Conseil, du dix-huictiéme Septembre de l'année derniere ; lequel nous auons reuoqué & reuoquons, attendu la necessité de l'establissement desdits Offices presentement créez ; lesquels Officiers desdites anciennes Vicomtez, auós deschargé & deschargeons de toutes taxes faites sur eux, pour quelque cause & occasion que ce soit. SI DONNONS en mandement à nos amez & feaux Conseillers, les Gens tenans nostre Cour de Parlement, Chambre des Comptes & Cour des Aides de Roüen ; que nostre present Edit ils faissent lire, publier & enregistrer, & iceluy garder & obseruer de point en point selon sa forme & teneur. Enjoignons à nos Procureurs Generaux esdites Cours d'en requerir l'entherrinemént, & iceluy faire executer en tous lesdits Sieges de plaids dépendans desdites anciennes Vicomtez de nostredite Prouince de Normandie, & ailleurs où il appartiendra. Mandons en outre à nos amez & feaux les Tresoriers Generaux de France aux Bureaux establis esdites Generalitez de Roüen & Caën, de faire employer ez Estats desdites receptes generales & particulieres dudit Roüen & Caen, le fonds desdits gages, à commencer dn premier iour de Ianuier prochain, & en faire ioüyr les pourueus desdits Offices plainement & paisiblement : Et dautant que l'on pourra auoir affaire des presentes en plusieurs & diuers lieux, Nous voulons que foy soit adjoustée aux coppies collationnées par

vn de nos amez & feaux Conseillers, Notaires &
Secretaires, comme à l'Original : Car tel est nostre
plaisir, nonobstant oppositions, appelations, Cla-
neur de Haro, Chartre Normande, Edicts, Arrests,
Reglemens, & autres choses à ce contraires ; aus-
quelles & aux desrogatoires des desrogatoires y
contenües, nous auons desrogé & desrogeons par
ces presentes ; Et afin que ce soit chose ferme &
stable à tousiours, Nous auons fait mettre nostre
scel à cesdites presentes. Donné à S. Germain en
Laye, au mois de Ianuier, l'an de grace 1636. & de
nostre regne le vingt-sixiesme. Signé, LOVIS.
A costé, visa. Et plus bas : Par le Roy, PHELIPPEAVX.
Et scellé du grand sceau de cire verte, sur lacs de
soye rouge & verte.

EXTRAICT DES REGISTRES
de la Cour de Parlement.

VEV par la Cour les Chambres assemblées, les
Lettres patentes du Roy en forme de Iussion
donnees à Dangu le quinze de ce mois, par lesquelles sa Majesté de plaine puissance & authorité Royale, enjoint tres-expressément que tous affaires
cessans & postposées, ladite Cour ayt à verifier purement & simplement, sans attendre vn commandement plus exprés , les Edicts qui luy ont esté
presentez , l'vn contenant le démembrement des
Sieges particuliers de plaids des anciennes Vicomtez de Normandie, & creation d'iceux en tiltre de

Vicomtez principalles, & des Officiers qui les doi-
uent compoſer, enſemble d'vn Aſſeſſeur Rapporteur des Eſtats de decret, d'vn Preſident en chacun
Bailliage , & d'vn Procureur auſdites anciennes
Vicomtez ; Celuy de la creation des Offices de
Procureurs, Poſtulants, Referendaires, Modera-
teurs de deſpens & leurs Controlleurs, des places
de Clercs exercées par commiſſion, & des premiers
Huiſſiers Audienciers en cette Prouince, Celuy du
controlle des Greffes, & celuy de la creation des
Lieutenans generaux, Lieutenans criminels, deux
Conſeillers en chacun Siege & autres Officiers, &
la Declaration de ſa Majeſté , portant que les ac-
quereurs des menuës fieffes iouïront à perpetuité
des acquiſitions par eux faites, ſans iamais pouuoir
eſtre reuenduës, en payant par forme de ſupplé-
ment les ſommes eſquelles ils ſeront pour ce taxez,
leſquels Edicts & Lettres patentes de Declaration,
le Roy veut eſtre regiſtrées és Regiſtres de ladite
Cour purement & ſimplement pour le ſoulagement
de ſes affaires, qui attendent vn preſſant ſecours,
nonobſtant les Arreſts de refus & remonſtrances à
faire ſur ce ſubjet, que ſa Majeſté tient pour faites
& entenduës, & toutes autres choſes à ce contraires, enioignant à ſon Procureur general de faire les
pourſuittes & requiſitions pour ce neceſſaires, &
en certifier ſadicte Maieſté ſuffiſamment. Arreſts
de ladite Cour donnez les Chambres aſſemblées
les treize & quatorze de ce mois ſur la deliberation
deſdits Edicts & Declaration. VEV auſſi les Lettres de Cachet du Roy addreſſées à la Cour le
quinzieſme de cedit mois pour ce ſubjet : Et oüy la
creance de Meſſire Iacques Tallon, Conſeiller du

Roy ordinaire en ſes Conſeils, lequel a rapporté le tres-exprez commandement de ſa Maieſté : Concluſions dudit Procureur General. Oüy auſſi le raport du Conſeiller Commiſſaire; Et tout conſideré. LADITE COVR, les Chambres aſſemblées du tres-exprez commandement du Roy par pluſieurs fois reïteré, A ordonné & ordonne que leſdites Lettres Patentes en forme d'Edict données à Sainct Germain en Laye és mois de Decembre mil ſix cens trente-cinq, & Iannier mil ſix cens trenteſix, l'vn pour la creation des Offices de Lieutenans Generaux, Lieutenans Criminels, Lieutenans Particuliers, Deux Conſeillets Clercs, deux Conſeillers Laiz, & vn Procureur du Roy en chacun des Preſidiaux & Seneſchauſſées, & vn Preſident en chacune des autres Iuſtices Royalles de cette Prouince, Et l'autre pour le deſmembrement des Sieges particuliers des plaids des anciennes Vicomtez de Normandie, & creation d'iceux en tiltre de Vicomtez principalles, & des Officiers qui les doiuent compoſer, ſeront regiſtrees és Regiſtres de ladite Cour pour auoir lieu, à l'excluſion neantmoins des Offices de Preſident, & à la charge que la reception des Officiers ſe fera en la Cour, & que les differents qui naiſtront entr' eux à cauſe de leurſdits Offices, y ſeront iugez; Surſeoira l'execution deſdits Edicts pour le temps de trois mois, pendant lequel les Officiers intereſſez ſe retireront pardeuers le Roy, pour en obtenir la ſuppreſſion. Et pour le regard des autres Edicts & Declarations deſſus mentionnez, le Roy ſera derechef tres-humblement ſupplié de diſpenſer la Cour de proceder à la verification d'iceux. FAICT

à Roüen en ladite Cour de Parlement les Chambres assemblées le seiziesme iour de Mars 1637.
Signé, VAIGNON.

EXTRAICT DES REGISTRES
de la Chambre des Comptes de Normandie.

VEv par par la Chambre les Lettres Patentes
du Roy en forme d'Edict données à S. Germain en Laye au mois de Ianuier 1636. Signé,
LOVIS. Et plus bas, Par le Roy, PHELIPPEAVX.
Par lesquelles & pour les considerations y contenües sa Maiesté à delvny & desmembré les Sieges
particuliers des plaids des anciennes Vicomtez de
Normandie, & iceux creé & erigé en titre de Vicomtez principales, en chacune desquelles Vicomtez ledit Seigneur a creé & estably en titre d'Office
formé, vn Conseiller Vicomte, vn Conseiller Lieutenant General, vn Conseiller Lieutenant Particulier dudit Vicomté, deux Conseillers Aduocats, &
vn Conseiller Procureur de sadite Maiesté, & deux
Huissiers Audienciers exploitant par tout le Royaume, aux gages de trente mil liures à departir entre
lesdits Officiers nouuellement créez suiuant l'estat
qui en sera arresté au Conseil, auec creation par le
mesme Edict d'vn Conseiller Assesseur Rapporteur
des estats de decrets, sans gages, aux fonctions, priuileges, droicts & préeminences y attribuez par ledit Edict : Et outre a sadite Maiesté par ledit Edict
creé & erigé en titre dOffice formé, vn Conseiller
President esdits Bailliages aux fonctions y attribuez,

buez , ainfi que plus amplement lefdites Lettres Patentes le contiennent. Conclufions du Procureur
general du Roy : Et tout confideré, La Chambre
des deux Semeftres affemblez, du tres-expres com-
mandemét du Roy, tant de fa bouche que par écrit,
a ordonné & ordonne que ledit Edict fera leu, pu-
blié & regiftré ez Regiftres d'icelle, pour iouïr par
les Officiers qui en feront pourueus aux gages qui
leur feront attribuez par l'eftat qui en fera arrefté au
Confeil, & enuoyé au Greffe de la Chambre dans le
mois, defquels ils ne pourront eftre payez que les
charges anciennes eftant fur les receptes ne foient
prealablement acquittées, & à la charge que les deniers qui prouiendront dudit Edict, feront employez
aux vrgentes affaires de la guerre, fans diuertiffe-
ment, à peine de repetition fur les Ordonnateurs,
& parties prenantes iufques à la quatriefme genera-
tion. Faict le dix-neufiéme iour de Mars, lan
mil fix cens trente-fept.

Segné, DE CANTEL.

EXTRAICT DES REGISTRES
de la Cour des Aydes en Normandie.

VEV par la Cour les Lettres Patentes du Roy
en forme d'Edict, données à fainct Germain
en Laye au mois de Ianuier mil fix cens trente-fix,
par lefquelles pour les caufes & confiderations y
contenuës, def-vnit & démembre les Sieges particuliers des anciennes Vicomtez de ce Royaume, &

C

créez lefdits Sieges particuliers en Vicomtez principalles, en chacune defquelles fadite Majefté créé
& eftablit en tiltre d'Office formé, vn Confeiller
Lieutenant General, vn Confeiller Lieutenant Particulier dudit Vicomté, deux Aduocats, & vn Procureur dudit Seigneur, auec deux Huifliers Audienciers, aux mefmes honneurs, fonctions, pro-
fits & efmoluments que les Officiers des anciennes
Vicomtez, enfemble vn Confeiller Rapporteur
des eftats de decrets, fans gages; Et outre creé en
tiltre d'Office, vn Confeiller Prefident és Bailliа-
ges pour prefider en la Chambre du Confeil, &
diftribuer les procez par efcrit, aufquels Officiers
fadite Majefté attribuë l'exemption des Tailles,
comme il eft plus amplement contenu aufdites
Lettres : La conclufion du Procureur General du
Roy ; & ouy le rapport du Confeiller Commiffaire,
Tout confideré. LA COVR du tres-exprés commandement du Roy, A ordonné & ordonne que
lefdites Lettres Patentes en forme d'Edict feront
regiftrées és Regiftres d'icelle, pour iouyr par
ceux qui feront pourueus defdits Offices de l'exemption de Tailles, tout ainfi qu'en jouyffent
les Officiers & Commençaux de la Maifon du
Roy : & à la charge qu'ils feront tenus prefenter
leurs Lettres de prouifion à ladite Cour auant que
de pouuoir jouyr de ladite exemption, & fans que
la nomination faite de la Chambre des Comptes
de cette Ville par ledit Edict auparauant ladite
Cour, puiffe nuire ny prejudicier à la prefceance
attribuée à icelle Cour au prejudice de ladite
Chambre, par Arreft contradictoire du Confeil

d'Eftat du vingt-vniefme Ianuier mil cinq cens quatre-vingts trois, & Declaration du Roy don-née en confequence. FAICT en ladite Cour des Aydes à Roüen, le dix-feptiefme iour de Mars mil fix cens trente-fept.

Signé,   DE LESTOILLE.

Collationné aux Originaux par moy Confeiller Secretaire du Roy, & de fes Finances.